다카시 꽃 피었습니다

문학고을 디카시집 01

디카시 꽃 피었습니다

초판 1쇄 발행 | 2025년 10월 25일

저 자 | 김선순, 김은희, 김현경, 김희숙, 남상열, 남항우, 신경희
　　　　오병실, 이선영, 이운수, 임혜경, 최근용, 최병준, 홍성길

펴 낸 곳 | 도서출판 문학고을
펴 낸 이 | 조진희
편 집 자 | 조현민
주소 | 경기도 부천시 오정구 성곡로16번길 7, 901호
서울사무실 | 서울시 강남구 학동로38길 38 (논현동) 204호
전화 | 02-540-3837
이메일 | narin2115@naver.com
등록 | 제2020-111176호

ISBN 979-11-92635-40-8 03810
정가 12,000원

* 이 책의 판권은 지은이와 도서출판 문학고을에 있습니다.
* 잘못된 책은 구입처에서 교환해 드립니다.

디카시 꽃 피었습니다

글벗 시인들의 디카시집

김선순	오병실
김은희	이선영
김현경	이운수
김희숙	임혜경
남상열	최근용
남항우	최병준
신경희	홍성길

목 차

1. 서문 | 이음과 어울림으로 빚어내다 _ 김희숙　　　006
2. 축하의 글 _ 조현민　　　008
3. 축시 | 디카시집 출판을 축하드리며 _ 이정현　　　010
4. 디카시 꽃 피었습니다

∥ 김선순　　*012*
　아버지 / 동행 / 홀로서기 / 늦깎이 / 이별 연습

∥ 김은희　　*018*
　슬로우 슬로우 퀵퀵 / 백년해로 / 못 말리는 악동들
　초상권 / 수다

∥ 김현경　　*024*
　하모니 / 장보기 / 사랑해 / 천국 경험 / 짝사랑

∥ 김희숙　　*030*
　각자도생 / 토사구팽 / 족쇄 / 기도 / 해방

∥ 남상열　　*036*
　인과응보 / 모정 / 그대 이름은 봄 / 보물찾기 / 바람의 변주곡

∥ 남항우　　*042*
　세월아 / 모성 / 순이 / 망부석 / 하늘나라

∥ 신경희　　*048*
　삶의 랩소디 / 연민 / 좋겠다 / 인사 / 보헤미안

∥ 오병실　　**054**
　　볼 빨간 사춘기 / 잡을 수 없는 그리움 / 그리운 사람
　　화양연화 / 당신에게 용서를 구합니다

∥ 이선영　　**060**
　　세월 / 시인의 꿈 / 처방전 / 시간 여행 / 인내는 쓰고 열매는 달다

∥ 이운수　　**066**
　　백년미소 / 날씨 요정 / 한 걸음 / 부업 / 행복

∥ 임혜경　　**072**
　　人生 / 빛의 마술 / 두 아들 / 밀어 / 무정한 당신

∥ 최근용　　**078**
　　등불 / 다이어트 / 일정 / 변화 / 프로포즈

∥ 최병준　　**084**
　　퇴근할까요? / 광안리 미술관 / 명예퇴직
　　시인의 입술 / 달과 유령사이

∥ 홍성길　　**090**
　　투망 / **빵**점 / 스미싱 / 탈모 / 부모님 전언

5. 지도교수 후기　∥　부족하지만 값진 첫나들이 _ 문창진　　**096**
6. 서평　∥　사진과 언어의 융합, 순간의 미학 _ 염혜원　　**098**
7. 작가 소개　　**108**

| 서문 |

이음과 어울림으로 빚어내다

김희숙(문학고을 경기지부장)

모두가 함께 이음과 어울림으로 사진을 찍고 주옥같은 언어로 혼을 불어넣는 디카시로 뭉쳤지요. 써보고 또 써보고 수정하고 스승님의 가르침대로 배운 결과물인 디카시집을 오늘 우리는 자랑스럽게 출간합니다.

첫 동인지 '오월에 피는 꽃' 시집을 출간하면서 가슴 벅찼던 그때 그 마음, 두 번째 동인지 '삼행시 꽃 피었습니다'를 출간했을 때의 그 설레던 감동, 이어서 '디카시 꽃 피었습니다'를 출간하면서 느끼는 뿌듯함은 언제까지나 잊을 수 없을 겁니다. 시는 알면 알수록 쓰면 쓸수록 어렵지만, 언제까지나 소속 문인들과 함께 배우며 계속 발전해 나갈 것입니다.

문학고을 경기지부에 둥지를 틀고 있는 글벗님들의 이음과 어울림으로 해마다 출간하는 동인지 중 '디카시 꽃 피었습니다'의 탄생을 다시 한번 축하드리며, 그동안 지켜봐 주신 문학고을 조현민 회장님께 감사드립니다.

또한 동인지의 탄생 과정에서 처음부터 끝까지 지도해 주신 문창진 고문님 고맙습니다.

그리고 함께 해 주신 14인 글벗님들 진심으로 고맙습니다.

| 축하의 글 |

축하의 글

조현민(문학고을 회장, 시인)

　디카시의 매력은 자연이나 사물에서 얻는 영적 교감을 간접화법인 2차 언어, 내면 풍경 등 5행의 압축된 언술로 시적 진술을 할 때 더욱 빛을 발하며, 시의 매력과 호기심에 흠뻑 빠짐은 물론이거니와, 관조적 자세와 사유를 통한 사물에 대한 의미 부여, 정신의 옷 입히기 등, 감정이입(엠퍼시) 기법을 활용한 압축적 상징화는 격조 높은 디카시의 품격과 위상을 한층 배가시킬 것이다.
　그 주옥같은 결정체가 오늘 문학고을 경기지부의 동인지를 통해 세상에 빛을 보게 되어 더욱 뜻깊다.
　디카시는 시대적 조류 속에서 독자들의 관심이 증폭되고 있으며, 그 인기와 확장력 또한 실로 대단하다. 디지털 시대의 새로운 문학으로서, 사물과 자연에 대한 디카의 순간 포착 언술이 시가 되는 놀라운 체험을 선사하고 있는 것이다.
　빠르게 변화하는 일상 속에서 찰나의 순간을 영상으로 포착하고, 그 안에 담긴 깊은 감성과 의미를 언어로 풀어내는 디카시의 묘미야말로, 삶의 아름다움과 진정한 행복의 의미를 다시금 발견

하게 됨은 물론이다.

　이번 동인지에 실린 작품들은 디카시로 참여하신 경기지부 작가님들의 예리한 시선과 섬세한 감성이 응축된 노래들이다. 사진과 언술이 서로에게 빛을 비추며, 하나의 온전한 예술 작품으로 꽃피는 과정은 보는 이들에게 큰 감동과 울림을 전해줄 것이다.

　각 작품이 지닌 보따리 같은 이야기는 독자들의 마음속에 오랫동안 머물며 따뜻한 위로와 깊은 사색의 시간을 선사하리라 믿는다.

　이번 제3회 동인지 출간을 위해 애써주신 경기지부 김희숙 지부장님, 문창진 교수님, 신경희 홍성길 수석 고문님, 편집을 총괄해주신 최병준 시인님 그리고 임원님들과 옥고玉稿로 참여해주신 모든 작가님들의 노고에 깊은 감사를 드린다.

　작가님들의 향필과 건안 건필을 기원한다.

| 축시 |

디카시집 출판을 축하드리며

이정현(심리 상담사)

짧은 글귀 하나에 넓은 세상이 담기고,

한 장의 사진 속에
천 개의 마음이 피어납니다.

오늘 탄생한 이 시집이 누군가의 가슴에
빛나는 창이 되기를 바랍니다.

이정현
심리 상담사
대화법, 공감, 관계 회복 강사
저서 『크리스천 대화 코칭』
『크리스천 연애 코칭』
『신대리의 소공성』
현재 『아이와 함께하는 여정』 시리즈(총 13권 예정) 집필중

디카시 꽃 피었습니다

아버지

김선순

바람의 길 건너온

긴 세월

어깨 짐

오늘은 내려놓으세요

| 감상 |

　시 『아버지』는 짧은 행간 속에 한 세대의 무게를 담아냅니다. 바람의 길을 건너온 세월은 단순히 시간이 아니라, 수많은 풍랑을 뚫고 온 인내와 헌신의 기록입니다.
　배 한 척이 모래 위에 잠시 멈춘 모습은 곧 쉼을 허락받지 못했던 아버지의 삶을 비유합니다. 묵묵히 어깨에 짐을 지고 걸어온 길, 그 무게는 누구에게도 쉽게 말할 수 없었던 고독과 책임의 상징입니다.
　시인의 의도처럼, 이 시는 아버지께 오늘만큼은 "괜찮다, 내려놓아도 된다"는 위로를 건넵니다. 살아온 날이 항해였다면, 이 순간은 잠시 닻을 내리고 고요히 숨 고르기를 허락하는 장면입니다.
　사진 속 배의 정적인 이미지가 시의 울림을 배가시키며, 그 안에서 독자는 아버지의 땀과 눈물을 자연스레 떠올리게 됩니다. 세상의 바람과 파도를 견디며 가족을 위해 걸어온 발걸음, 그 길을 향한 찬사와 감사가 짧은 언어에 농축되어 있습니다. 시는 결국, 아버지를 향한 헌정이자 사랑의 노래입니다.
　독자는 이 시를 통해 '아버지'라는 이름이 가진 무게와 따뜻함을 동시에 마주합니다.
　따라서 『아버지』는 단순한 쉼의 권유가 아니라, 세대를 이어준 삶의 존엄에 대한 경의이며, 내려놓음의 순간이야말로 가장 숭고한 장면임을 보여줍니다.

- 이정현

동행

김선순

오늘을 기억해 줘
눈빛 마주한 그 순간
온기가 되어
언제나
너의 눈 맞출게

홀로서기

김선순

네 자리가 아니래도
틀렸다고 해도
나는 오늘도
묵묵히 걷는다
계절보다 먼저 나선다

늦깎이

김선순

외로운 줄기
엉뚱한 자리에서
너는 하늘을 품었구나
나도 그렇게
늦게 피어나고 있음을

이별 연습

김선순

붉게 타오른

청춘의 꽃잎

이제는

떠나야 할 때

슬로우 슬로우 퀵퀵

김은희

자장면 불기 전에

후딱 오이소

안전은 곱빼기로

| 감상 |

이 시는 짧고 리듬감 있는 문장 속에 오늘의 일상이 그대로 담겨 있습니다.

'자장면 불기 전에 후딱 오이소' 라는 구절은 재치 있으면서도, 빠르게 돌아가는 배달 문화의 현장을 그대로 옮겨 놓습니다.

'안전은 곱빼기로' 라는 말은 유머이면서 동시에 진지한 바람을 담고 있지요.

배달일을 하는 분들을 응원하는 작가의 마음. 이 시는 단순히 음식 배달의 풍경을 넘어, 삶을 치열하게 살아가는 사람들의 모습을 그립니다. 생계를 위해, 가족을 위해 달리고 또 달리는 그들에게 가장 필요한 건 '안전' 이라는 메시지가 짧은 시 속에서 힘 있게 울립니다.

마치 탱고의 리듬 같은 '슬로우 슬로우 퀵퀵' 이라는 제목은, 반복되는 일상 속의 긴장과 속도를 절묘하게 보여줍니다.

시를 읽다 보면 '배달의 속도보다 소중한 건 결국 안전과 삶의 지속성' 이라는 깨달음이 전해집니다.

사진 속 풍경이 이 시와 함께 어우러질 때, 단순히 배달의 장면을 넘어서 '오늘을 성실히 살아가는 사람들에 대한 헌사' 로 다가옵니다.

그래서 이 작품은 짧지만 깊이 있는 응원의 노래처럼 읽힙니다.

— 이정현

백년해로

김은희

어젯밤 칼로 물 베기 했는디
오늘 밤은 한 이불 덮고 자야제
안 그런가 임자?

못 말리는 악동들

김은희

야단치다 타이르다
뒷목 잡고 넘어진 선생님
어릴 적 누군가의 모습

초상권

김은희

집사야 내 얼굴 팔아
살림살이 나아졌다냥

수다

김은희

여자 셋이 모였나
그릇 장사 돈 벌겠네

하모니

김현경

자, 복식호흡
고운 음색으로 불러보아요
아에이오우~
물결에 얹힌 파동
환상적 선율에 잠드는 여름

(참고)물 위에 보이는 것은 잉어의 주둥이입니다.

| 감상 |

 김현경 시인의 『하모니』는 짧지만 음악적 울림이 가득한 작품입니다.
 첫 구절 "자, 복식호흡"은 단순히 발성을 지시하는 말 같지만, 독자로 하여금 삶의 호흡을 가다듬고 정돈하는 장면을 떠올리게 합니다. 호흡은 단순한 생리적 행위가 아니라, 삶을 살아가는 방식과도 연결되기에 시는 시작부터 깊은 울림을 줍니다. 이어지는 "아에이오우~"라는 모음 발성은 언어의 의미를 벗어나 순수한 소리 자체의 울림을 전합니다. 말 이전의 소리는 근원적인 교감의 언어이고, 그 자체로 음악이 됩니다. 시인은 이 소리를 "물결에 얹힌 파동"으로 묘사하며, 소리와 자연이 하나가 되는 순간을 그립니다. 이는 인간의 호흡이 자연의 호흡과 연결되는, 일종의 조화로운 합창을 떠올리게 합니다.
 "환상적 선율에 잠드는 여름"이라는 구절은 청각적 이미지가 시각과 계절의 감각으로 확장되는 장면입니다. 소리의 파동은 단순히 귀로만 들리는 것이 아니라, 여름의 뜨거움과 어우러져 몽환적인 풍경을 완성합니다. 이로써 독자는 음악처럼 흐르는 여름, 소리에 잠긴 계절을 감각적으로 체험하게 됩니다. 특히 시인은 작품에 덧붙여 "물 위에 보이는 것은 잉어의 주둥이"라고 설명했습니다. 이 말은 환상적인 선율과 파동의 이미지에 현실적이고 구체적인 풍경을 더해 줍니다. 그 결과 시는 추상적 아름다움과 사실적 디테일이 겹쳐지며, 독자에게 더욱 생생하고 친근하게 다가옵니다. 작은 농담처럼 보이지만, 이는 시인이 독자에게 건네는 따뜻한 눈짓이자 상상력의 방향을 열어주는 힌트라 할 수 있습니다.
 이처럼 『하모니』는 단순히 노래 소리를 묘사한 시가 아니라, 자연과 인간, 환상과 현실, 음악과 삶이 만들어내는 조화로운 울림을 담은 작품입니다. 읽고 나면 어느새 나도 모르게 호흡을 가다듬으며, 내 삶의 리듬을 다시 살펴보게 됩니다.

- 이정현

장보기

김현경

된장찌개 끓이려
감자 사러 나왔다가
유리문에 담긴 검버섯 사고

허망한 세월 위에
엉덩이 포갰다

사랑해

김현경

바람, 사랑을 끌고
햇살, 행복을 밀며
미지의 내일 향해 구르던
푸른 젊은 날의 연인이여

천국 경험

김현경

바람결에 실어 보낸
행복 한 조각
환한 미소로 답하는
천국 아이

짝사랑

김현경

설렘에 지친 마음이 아려
목석이 되어 가는
창가 그대 몸짓 스칠 때마다
두근두근 터져 오는 시린 그리움

각자도생

김희숙

뭉쳐야 산다지만
우리는 흩어져야 산다

| 감상 |

  사진 속 흩날리는 씨앗은 바람을 타고 흩어지며 저마다의 길을 떠납니다. 작은 씨앗 하나는 연약해 보이지만, 흩어짐 속에서 생명의 가능성을 품습니다. 이미지는 흩어져야만 다시 살아나는 존재의 운명을 보여줍니다. 시가 전하는 "우리는 흩어져야 산다"는 말은 이 장면과 절묘하게 어울립니다.
  씨앗은 흩어짐으로써 새로운 터전을 찾고, 흩어짐이 곧 생존 전략이 됩니다. 시인은 이를 통해 집단적 결속보다 개별적 선택이 더 중요한 시대의 삶을 은유합니다. 한 알의 씨앗이 멀리 날아가 뿌리를 내리듯, 개인은 흩어짐 속에서 자기 길을 찾습니다.
  같은 땅에만 머무른다면 오히려 생존의 가능성은 줄어듭니다. 흩어짐은 단절이 아니라 또 다른 연결을 향한 시작입니다. 사진과 시는 함께 "분산이 곧 확산이며, 독립이 곧 생존"이라는 지혜를 전합니다.
  민들레 씨앗처럼 우리도 각자의 길 위에서 자기 자리와 빛을 찾아야 합니다. 뭉침은 안전을 주지만, 흩어짐은 가능성을 열어줍니다. 이 작품은 씨앗의 이미지로 오늘의 삶의 전략을 압축해 보여줍니다.
  결국, "각자도생"은 무정한 선언이 아니라, 생명을 이어가는 자연의 방식입니다.
  씨앗처럼 흩어져야만, 우리는 살아남을 수 있고 더 넓은 세상을 만날 수 있습니다.

— 이정현

토사구팽

김희숙

애지중지할 땐 언제고
왜 그러는 겨

족쇄

김희숙

건드렸으니 책임져

기도

김희숙

오늘 하루 잘 보내고
눈 감으러 들어갑니다
내일 아침 눈 뜰 수 있게
도와주소서

해방

김희숙

대한독립만세
땅에서 바다까지

인과응보

남상열

여태
찌르고 살았는데
이제 내가 찔리다니

| 감상 |

이 시에서 "찌르고 살았다"는 말은 단순히 공격적인 태도만을 뜻하지 않습니다.
무심코 던진 말 한마디, 타인을 배려하지 않은 선택, 이기적인 행동들이 곧 '찌름'이 될 수 있습니다.
그러나 인생은 공평합니다.
그 날카로움은 결국 부메랑처럼 돌아와 "내가 찔리다니"라는 고백으로 이어집니다.

이 시는 인간관계의 순환 원리를 날카롭고도 단순하게 보여줍니다. 인과응보라는 말이 무겁게 다가오기보다, 짧은 문장 속에서 삶의 아이러니로 다가옵니다.
찌르는 순간에는 강자처럼 보이지만, 그 결과를 마주할 때는 누구도 피해갈 수 없는 약자가 됩니다.

― 이정현

모정

남상열

[문학고을 디카시 신인문학상]

정월
남기고 가신 손맛
꽃으로 핀 엄마
그리움도 익어간다

그대 이름은 봄

남상열

[문학고을 디카시 신인문학상]

따뜻한 손길로
유혹한 죄
마음을 달구어
화상 입힌 죄

보물찾기

남상열

[제1회 세계유산 서천갯벌 디카시 전국공모전 입선]

그대를 향한

내 속마음

부끄러워 잠시

묻어 놓았는데

어디로 갔을까

바람의 변주곡

남상열

몰아치는 휘모리 장단에
하얗게 역류하는 멀미

세월아

남항우

왜 이리 빨리 가냐, 불평만 늘어놓다
이제야 알았다네, 그러한 네가 있어
초연히 생로병사를 맞이할 수 있음을

| 감상 |

  사진 속 풍경에는 버스들과, 그 곁에 세월을 상징하듯 자리한 물레방아 형상이 보입니다. 실제로는 돌아가지 않는 조형물이지만, 그 모습은 보는 이의 마음속에서 여전히 돌고 있는 듯한 착각을 불러일으킵니다. 도심의 분주한 흐름과 대비되는 물레방아의 고정된 모습은, 빠르게 흘러가는 세월 속에서 변함없이 서 있는 인간의 삶을 상징합니다.
  버스가 오가며 사람들을 태우고 내리듯, 세월 또한 수많은 사람과 사건을 싣고 흘러갑니다. 잠시 멈춰 서 있는 물레방아 형상은, 우리가 일상의 바쁨 속에서도 한순간 멈추어 세월을 성찰해야 함을 일깨웁니다.
  사진은 현실적인 도심 풍경이지만, 시와 만나면서 그 이상의 의미를 품습니다.
  "왜 이리 빨리 가냐"는 시인의 질문은 누구나 품는 탄식입니다. 그러나 곧이어 "너로 인해 초연히 생로병사를 맞이할 수 있다"는 구절은 세월의 의미를 새롭게 바라보게 합니다.
  세월은 불평의 대상이 아니라, 삶을 수용하게 만드는 스승이 됩니다. 사진 속 물레방아는 단순한 조형물이지만, 시와 결합되면서 세월의 순환을 은유하는 장치가 됩니다.
  고정된 형상물은 '겉으로는 멈춰 있지만, 시간은 우리 안에서 여전히 흐른다'는 역설을 드러냅니다. 시인은 이 이미지를 빌려, 빠른 세월 앞에서도 담담히 생로병사를 받아들일 수 있는 지혜를 말합니다.
  따라서 이 디카시는 사진과 시가 절묘하게 맞물려, 일상의 한 장면을 인생의 통찰로 끌어올립니다. 읽는 이로 하여금 불평을 멈추고, 세월의 속도와 무게를 있는 그대로 받아들이게 만듭니다. 결국 이 작품은 '세월아'라는 탄식에서 시작해, '세월아, 고맙다'는 깨달음으로 이끄는 울림을 줍니다.

– 이정현

모성

남항우

무던히 속을 썩인 자식도 미쁘다며
검게 탄 자기 속은 돌보지 아니하고
망나니 거듭나기만 기다리던 어머니

순이

남항우

눈비음 아니 해도 빛나는 당신 얼굴
뒷전에 숨은 듯이 드러내지 않아도
넘치는 매력에 끌려 잠 설치는 여름밤

망부석

남항우

바닷물 나가듯이 떠나간 임은 지금
저 너머 어느 바다 어디에 계시는가
밀물이 차오를 때면 배가 되는 그리움

하늘나라

남항우

언제나 누구든지 가도록 열렸다는
무성한 소문 믿고 여행길 채비해도
아직도 다녀온 사람 만나 보지 못했다

삶의 랩소디

신경희

푸름으로 빛나던 무대에 흐르는

때 이른 변주

햇살 머금은 하늘 쉬어가는

날 잡을 수 없는 광시光時[*]만

바람에 실린다

---

* 광시: 천체의 빛이 우리에게 오기까지의 시간

| 감상 |

    푸름으로 빛나던 나무와 잎사귀들이 무대 위 배우처럼 서 있다가, 뜨거운 폭염에 이르게 퇴색하는 순간은 인생의 변주처럼 다가옵니다. 시인은 푸르른 청춘도 언젠가는 시간의 빛에 물들어 간다는 사실을 담담하게 노래합니다. 사진 속 빛과 그림자의 대비는, 인생의 무대가 영원히 푸르를 수 만은 없다는 현실을 보여줍니다.
    "서둘지 않아도 이어질 악장"이라는 구절은 인생의 흐름을 음악의 장면처럼 비유하며, 우리에게 기다림과 수용을 가르칩니다. 햇살 머금은 하늘이 잠시 쉬어가듯, 인생에도 멈춤과 쉼이 필요함을 일깨웁니다. 광시光時는 붙잡을 수 없기에 더 소중하고, 바람에 실려 떠나가기에 더 아쉽습니다. 잎들이 물들고 스러지는 모습은 자연의 순환이자 인생의 무상함을 상징합니다.
    그러나 시인은 그것을 허무로 그치지 않고, 새로운 악장의 시작으로 바라봅니다. 우리가 붙잡을 수 없는 시간을 한 곡의 음악처럼 받아들일 때, 삶은 오히려 풍성해집니다.
    시와 사진은 함께 인간의 한계와 자연의 질서를 드러내면서도, 여전히 삶은 아름답게 이어진다고 말합니다. 이 작품은 "인간은 자연 앞에서 겸손할 수밖에 없다"는 성찰을 이끌어냅니다. 폭염에 스러지는 잎처럼 우리도 결국 세월 앞에 고개 숙이지만, 그 과정 자체가 또 다른 음악의 일부가 됩니다.
    삶은 끝나는 것이 아니라, 끊임없이 이어지는 변주곡이기 때문입니다. 짧은 시 안에서 시간, 자연, 인간의 관계가 교차하며 묵직한 여운을 남깁니다. 그래서 이 디카시는 단순한 풍경이 아니라, 인생의 깊은 울림을 들려주는 하나의 '랩소디'로 다가옵니다.

— 이정현

연민

신경희

어르신
집에 가실 시간이에요

좋겠다

신경희

날마다 찾아와 안부 나누고
바람이 흘리고 간 세상 이야기
조곤조곤 전해주는 친구 있으니

인사

신경희

자리는 잡는 대로 연락할게

잘 있어

보헤미안

신경희

쉼 없이 돌아가는 조명발 아래
하얗게 사르며 놀다
미련 없이 떠나는 열정의 댄서

볼 빨간 사춘기

오병실

앳된 선홍빛 얼굴
별처럼 반짝이는 눈동자
굳이 꾸미지 않아도 어여쁜 소녀시대
재잘재잘 소풍길에
오늘도 쌓여가는 너와 나의 추억 하나

| 감상 |

   시 속의 '앳된 선홍빛 얼굴'은 순수하고 투명한 청춘의 빛깔을 담고 있습니다. 화장이나 꾸밈이 필요 없는 자연스러움, 그것만으로도 눈부신 소녀 시절을 보여주지요. 별처럼 반짝이는 눈동자는 미래에 대한 설렘과 아직 꺼지지 않은 꿈의 불빛을 상징합니다.
   '재잘재잘 까르르' 웃음소리는 단순한 묘사가 아니라, 사춘기의 생동감 자체를 들려줍니다. 소풍길에서 쌓여가는 추억 하나하나는 그 시절만이 간직할 수 있는 보석 같은 기억이 됩니다.
   시인은 짧은 구절 속에 청춘의 빛깔, 소녀들의 웃음, 그리고 우정의 따뜻함을 응축시켰습니다.
   사진과 함께 읽으면, 순수한 얼굴빛과 환한 웃음소리가 그대로 눈앞에 펼쳐지는 듯합니다. 그 모습은 마치 시간이 흘러도 변치 않을 '순간의 영원함'을 보여줍니다.
   이 시는 결국 우리 모두가 지나온 청춘의 길목을 다시 떠올리게 하고, 그리움 속에서 미소 짓게 만듭니다.

- 이정현

잡을 수 없는 그리움

오병실

[경북문경연가상 수상, 25년 6월]

가늘게 일렁이던 숨소리는
어느새 심연 속으로 사라지고
너의 기억 흐려질수록
반짝이는 그리움
달빛 아래 윤슬이 되어 나를 깨운다

그리운 사람

오병실

[희망봉 광장 신인문학상]

36.5도의 온기로
시린 손끝 녹여주며
살며시 어깨를 내어주던
그대가 없는 자리

나 그냥 돌아서 갑니다.

화양연화

오병실

[희망봉 광장 25년 5, 6월호]

무심 세월 탓하며
살아온 인생
이제 와 허무하다 무엇하리오

찬란한 청춘 나이 불문
지금이 가장 좋은 날인 것을

당신에게 용서를 구합니다

오병실

[희망봉 광장 25년 5, 6월호]

무심코 툭,
내뱉었던 말 한마디가
오랜 시간 아물지 않은 상처로
남아 있을 줄은 미처 몰랐습니다

미안합니다

세월

이선영

밝음과 어둠의
끝나지 않는 힘겨루기

| 감상 |

앙상한 가지는 시간에 잠식된 흔적이고, 회색빛 구름 사이로 드러난 하늘은 세월이 남긴 그림자입니다. 그러나 그 속에서도 도로는 묵묵히 이어져, 밝음과 어둠의 끝없는 힘겨루기를 증언합니다. 세월은 빛과 어둠의 끝없는 춤입니다.

아침이 오면 희망이 솟고, 저녁이 오면 시련이 다가옵니다. 밝음이 어둠을 밀어내고, 어둠이 다시 빛을 감싸 안습니다. 빛만 가득한 날은 없고, 어둠만 지속되는 날도 없습니다.

이 긴장의 균형 속에서 삶은 무늬를 짭니다. 빛이 있기에 어둠을 견디고, 어둠이 있기에 빛은 더욱 눈부십니다. 앙상한 가지와 이어진 길, 그리고 빛과 어둠이 함께하는 하늘은 세월의 본질을 압축해 보여줍니다.

— 이정현

시인의 꿈

이선영

소나기 그친 후
더 선명해진 너

내 마음속에도
시 한 송이 피었다

처방전

이선영

정신 차리게 해줄게

투 샷

시간 여행

이선영

세월이 젊음을 가져갔어도
동심은 빼앗아 갈 수 없다
내 마음의 시간은 거꾸로 간다

인내는 쓰고 열매는 달다

이선영

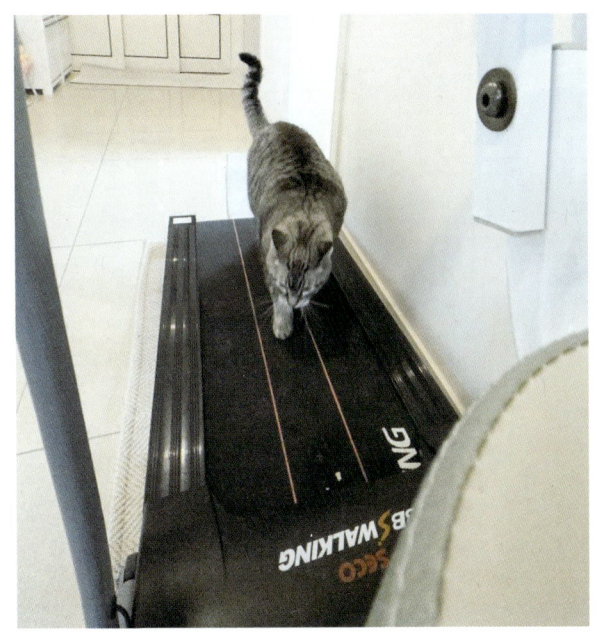

내가 변하면
세상도 달라질까

백년미소

이운수

햇살도
머물다 간 미소
그 입가에서
꽃이 피듯 열렸다

어여 오라고

| 감상 |

   104세 할머니의 얼굴에서 피어난 미소는 단순한 웃음이 아니라 한 세기를 살아낸 지혜와 온화함의 기록입니다.
   햇살조차 잠시 머물다 간 듯한 그 미소는 보는 이에게 포근한 위로가 됩니다.
   사진 속에서 "어여 오라"는 인사는 단순한 말이 아니라 삶 전체가 내뿜는 환대의 태도처럼 느껴집니다. 백년의 세월을 살아내며 얻은 통달이 얼굴에 고스란히 새겨져 있습니다. 꽃이 피듯 열리는 미소는 존재 자체가 이미 선물이요 축복입니다.
   이 시는 단순한 가족의 추억을 넘어, 인간 삶의 존엄과 사랑의 깊이를 보여줍니다. 손주들을 맞이하며 항상 첫마디로 건네던 "어여 와"라는 말 속에는 기다림과 기쁨이 함께 녹아 있습니다. 그 말은 이제 할머니가 남긴 유산처럼 가족들의 가슴 속에 살아남습니다.
   백년을 살아낸 웃음은 단순한 표정이 아니라, 살아 있는 역사이자 기도와 같은 숨결입니다. 돌아가신 뒤에도 그 미소는 사진 속에서 영원히 남아 후손들에게 살아갈 힘을 줍니다.
   그래서 이 시는 그리움이지만 동시에 감사이며, 눈물이지만 또한 축복으로 다가옵니다.

– 이정현

날씨 요정

이운수

[제1회 경북문경연가 디카시 공모전 가작]

햇살 안테나를 펼치면
구름은 잠시 멈추고
주머니 속
맑음 한 조각 살포시 꺼내어
세상에 송출 중

한 걸음

이운수

[제6회 계간 우리글 짧은시 문학상 우수상]

멀리 가는 건
어렵지 않았다
가까운
한 걸음을
내딛는 게 문제였다

부업

이운수

야근이
일상이 되면

삶은
부업이 된다

행복

이운수

젖은 머리칼에서
웃음이 뚝뚝 떨어진다

그런 날은
기억도 잘 마르지 않는다

人生

임혜경

끌고 가는 것인가
끌려가는 것인가
힘든 짐 덩어리여!

| 감상 |

사진 속 풍경은 무겁고 고단한 인생의 무게를 고스란히 담고 있습니다. 시인은 인생을 "짐"이라 표현하며, 그 무게 속에서 인간이 처한 본질적인 상황을 드러냅니다.

"끌고 가는 것인가, 끌려가는 것인가"라는 질문은 단순한 의문이 아니라, 우리 모두가 피할 수 없는 성찰의 지점입니다.

삶은 내가 주체적으로 이끄는 것 같지만, 때로는 환경과 운명에 의해 질질 끌려가기도 합니다. 사진 속 풍경은 이런 현실의 무게와 피곤함을 더욱 또렷하게 느끼게 합니다.

이 시의 짧은 구절들은 마치 망치처럼 강렬하게 가슴을 두드립니다. 인생의 짐은 누구에게나 있지만, 그것을 바라보는 태도는 모두 다릅니다. 때로는 고통을 감내하며 나아가야 하고, 때로는 그 무게에 눌려 주저앉기도 합니다. 그러나 그 무게 속에서도 우리는 결국 살아내고, 걸어갑니다.

시인은 인생의 무게를 애써 화려하게 포장하지 않고, 있는 그대로 꺼내 보여줍니다. 그 솔직함 속에서 독자는 더 큰 울림을 느낍니다. 우리는 짐을 끌고 가는 자이기도 하고, 짐에 끌려가는 자이기도 합니다. 삶은 늘 이 두 가지 모습 사이를 오가며 이어집니다.

시의 짧음은 오히려 독자의 마음속에 긴 울림을 남기며, 각자에게 자기 이야기를 떠올리게 합니다.

이 작품은 결국 "인생은 무거운 짐을 짊어진 여정이지만, 그 속에서 우리는 존재의 의미를 찾아간다"는 메시지를 전합니다.

— 이정현

빛의 마술

임혜경

초록 들판에
빨간 화살 쏘면
노란 가을 온대요

두 아들

임혜경

엄마, 술 그만 마시고
우리랑 집에 가요

밀어

임혜경

여자: 자기 나 사랑해?
남자: 응, 하늘의 별만큼
　　　저 바다만큼

무정한 당신

임혜경

검게 탄 가슴에
총까지!

등불

최근용

어두운 곳 살펴 가세요
오늘도 고생하신 당신께
고개 숙여 인사드립니다.

| 감상 |

『등불』은 짧지만 깊은 울림을 주는 시입니다.

'어두운 곳 살펴 가세요'라는 구절은 단순한 안전을 당부하는 말이 아니라, 인생의 길 위에서 마음이 지치고 힘든 이에게 건네는 따뜻한 배려로 읽힙니다.

빛이 없는 곳을 밝혀주는 등불처럼, 이 말은 우리가 서로의 길을 비춰주는 존재가 될 수 있음을 일깨워 줍니다.

또한 '오늘도 고생하신 당신께'라는 표현은 우리 일상의 수고와 노고를 잊지 않고 기억해 주는 존중의 마음을 담고 있습니다.

누구나 하루를 마칠 때 지친 어깨를 느끼기 마련인데, 그때 "고개 숙여 인사드립니다"라는 한 마디의 존중은 가장 값진 위로가 됩니다.

이 시는 화려한 비유나 긴 서술이 없음에도, 짧은 구절 속에 인간관계의 본질인 '배려'와 '존중'을 담아냅니다.

그것은 누군가에게 작은 등불이 되어주는 마음이며, 결국 그 빛이 모여 세상을 따뜻하게 밝힌다는 메시지를 전하고 있습니다.

— 이정현

다이어트

최근용

올라서기 전에
설렘이 커지고
올라서고 나면
한숨 소리 커진다

일정

최근용

내가 너의 주인인가
네가 나의 주인인가

변화

최근용

잘 안보이니

세상사 편하다

퇴근할까요?

최병준

[제1회 세계유산 유네스코 서천갯벌 디카시 전국공모전 입선]

파도는 영원히 멈추지 않지만
이제 그만 욕심은 내려놓고 물러나와
지친 날개를 접고 맞는 평온한 퇴근

| 감상 |

    이 작품은 바닷가에서 본 새들의 모습을 통해 인간의 노동과 쉼을 비유합니다. 파도는 영원히 멈추지 않지만, 지친 새들은 날개를 접고 노을빛 속에서 평온을 맞이합니다. 그 모습은 마치 하루 일과를 마치고 퇴근하는 사람들의 모습과 겹쳐집니다.
    작가는 "노을이 지는 저녁에 물고기를 잡으려 날아다니던 새들이 모여 앉아 있는 장면"을 보며, 인간 삶의 고단한 여정을 떠올렸다고 말합니다. 세상은 늘 경쟁과 분투의 연속이지만, 그 속에서도 내려놓을 순간이 필요합니다.
    "한 푼이라도 더 벌려고" 애쓰는 삶은 우리를 지치게 하지만, 노을을 바라보는 짧은 시간은 다시 살아갈 힘을 줍니다.
    파도는 쉼 없이 움직이지만, 우리는 잠시 멈추어 평온을 누릴 수 있습니다.
    이 시는 '멈춤의 지혜'를 이야기합니다. 퇴근은 단순한 일이 끝나는 시간이 아니라, 삶의 긴장과 욕심을 내려놓는 시간입니다. 집으로 돌아가는 길에 노을을 바라보며 잠시 마음을 비우는 순간, 삶은 새로운 균형을 되찾습니다. 지친 어깨를 내려놓고 하늘을 올려다보는 작은 여유, 그것이 바로 이 시가 건네는 위로입니다. 그래서 『퇴근할까요?』는 노동의 고단함을 넘어, 우리 모두에게 쉼이 필요한 존재임을 일깨워 줍니다.

- 이정현

광안리 미술관

최병준

[2025 오륙도신문 대한민국 디카시 신춘문예 가작]

당신에게 달을 주려고
하늘 스케치북을 빌렸어요
광안리 바다에 붓 한번 담그고,
물감 한번 묻혀 꾹 찍으면, 당신 닮은 달 하나
저는 화가가 되고, 당신은 미술관이 되어요

명예퇴직

최병준

[2025 박덕은 미술관 전국 디카시 공모전 작품상]

나는 이제 곧 떠나간다
샛노란 꽃으로 다시 피어나련다
너도 이 다정한 듯 매서운 봄을 지나야 한다
아침엔 시리고 오후엔 따가운 햇살을
그래, 바람은 생각보다 빨리 불어온다

시인의 입술

최병준

입을 꾹 다물고 있다가
한마디 하시면
진한 크림치즈 같은
멋진 말이 흘러나오는
당신은 시인

달과 유령사이

최병준

바람이 유령에게 속삭인다
달이 두개라 무섭니?

투망

홍성길

세상에 그물 던지니
돈은 다 빠져나가고
빚만 잔뜩 잡혔네

| 감상 |

  이 시는 욕망과 현실의 간극을 압축적으로 표현한 작품입니다. 그물은 원래 풍요와 성취의 상징입니다. 그러나 이 시 속의 투망은 빈 그물일 뿐 아니라, 오히려 빚과 허무만을 건져 올립니다. 작가의 말처럼, 사람은 배운 만큼, 수고한 만큼만 가지려 하지 않고, 그 이상을 얻으려는 욕심을 부립니다. 그러나 그 순간부터 그물의 틈새는 커지고, 알맹이는 빠져나가고, 허상만 손에 남습니다. 이것은 현대인의 삶을 날카롭게 풍자하는 장면입니다.
  더 많이 벌기 위해 애쓰지만, 남는 것은 피로와 빚뿐인 우리의 자화상이지요.
  이미지로는 바다 위로 던져진 커다란 투망이 떠오릅니다. 하지만 그 안에 담긴 것은 물고기가 아니라 공허와 손해입니다.
  "잡았다"는 희망이 "놓쳤다"는 허무로 바뀌는 과정, 그것이 바로 탐욕의 결말임을 이 시는 보여줍니다.
  그러나 이 작품은 단순한 비관이 아닙니다. 오히려 내려놓음의 지혜를 이야기합니다. 내가 가진 만큼, 내가 닦은 만큼만 감사하며 살아야 한다는 삶의 태도 말입니다. 탐욕을 비워낼 때 비로소 진정한 풍요가 시작됨을 알려줍니다.
  『투망』은 짧지만 절실한 교훈을 남깁니다. 세상이라는 바다에 던지는 그물에 무엇을 담을지는 결국 우리에게 달려 있습니다. 허망함 대신 감사와 절제를 담을 때, 우리의 투망은 비로소 진정한 의미를 가질 것입니다.

- 이정현

빵 점

홍성길

아직까지
먹고사는 문제 해결 못한
내 인생에 매기는 점수

스미싱

홍성길

눈뜨고도 줄줄이 낚였다

탈모

홍성길

앗!! 들켰다
하늘만이 아는 비밀인데

| 지도교수 후기 |

부족하지만 값진 첫나들이

문창진(시인, 화가)

"시문학의 신흥강자는 누구인가?"라고 묻는다면 필자는 대뜸 짧은시라고 답할 것이다. 너무 많은 말과 정보가 넘치고 있는 현대사회에서 독자들은 어렵고 긴 시에 눈을 돌리지 않는다. 그래서 군더더기 없는 문장에 깊고 넓은 함축적인 의미를 담은 짧은시가 사랑을 받고 있다. 그 중에서도 사진과 짧은시를 결합한 디카시가 인기를 끌고 있다. 2004년 지역 문예운동으로 시작한 디카시는 이제는 시문학의 한 장르로 탄탄한 입지를 다져가고 있다.

시단에서도 디카시에 대한 관심을 보이는 시인들이 늘어가고 있다. 문학고을 경기지부도 예외가 아니다. 문학고을 경기지부에서는 매년 공동시집을 발간하고 있는데 2023년에는 〈5월에 피는 꽃〉을, 2024년에는 〈삼행시 꽃 피었습니다〉를 출간했다. 두 번의 출간을 하면서 자신감을 가진 회원들은 2024년 9월 경 디카시 공동시집을 발간해 보자는 데 뜻을 모았다.

문제는 그 다음부터다. '창작은 고통'이라는 말이 실감 나는 시간들이 찾아왔다. 시와 달리 디카시는 사진과 글이 융합을 이루는 문학작품이다. 화자의 생각과 느낌을 글로만 표현하는 문장시와는 달리 사진이라는 요소가 들어간다. 글이 좋아도 사진과 부합되지 않으면 반쪽짜리 작품이 된다. 반대로 사진이 좋아도 글이 엉뚱하면 디카시로는 실격이다.

어찌하다 보니 필자는 경기지부 글벗회원들을 상대로 디카시 소개 강의를 한 것이 계기가 되어 디카시 지도를 맡았다. 다른 분들에 비해 상대적으로 디카시에 일찍 입문했고 공모전에 당선된 경력도 있어 거절할 명분이 없었다. 도전을 좋아하는 필자의 성격 때문이기도 했다. 그러나 디카시 지도를 하면서 커다란 산이 앞에 놓여있는 느낌을 받았다. 아득했다. 너무 먼 길을 쉽게 가리라고 착각한 것 같기도 했다.

그러나 예상 밖으로 온라인 디카시 공부방이 개설되자 글벗회원들의 열기는 뜨거웠다. 세 차례의 디카시 수업과 세 차례의 합평을 가졌고 디카시 공부방에는 습작들이 수시로 올라왔다. 디카시의 원리를 빠르게 습득한 회원들도 있었고 더디게 따라오는 회원들도 있었다. 각자의 인생경험이 다르다 보니 주제와 소재도 다양했다. 금년 내 디카시 출간이라는 목표는 추진동력이 되었지만 그만큼 부담도 되었다. 1년 가까운 힘든 여정이었지만 잘 따라온 글벗회원 덕분에 1인당 5편의 디카시를 완성할 수 있었다. 여러 가지 부족함에도 불구하고 디카시집 출간을 강행한 것은 디카시에 관심은 있으나 입문을 망설이고 있는 문인들에게 용기를 드리고 싶은 의미도 있다. 누구나 처음엔 초보다. '천리길도 한걸음부터'란 말도 있지 않은가. 처음 내딛는 발걸음이 참여한 글벗회원들에게는 성취감을, 독자들에게는 재미와 즐거움을 선사할 수 있다면 더 바랄 것이 없겠다.

| 서평 |

사진과 언어의 융합, 순간의 미학
경기지부 디카시집 『디카시 꽃 피었습니다』

염혜원(디카시인, 한국디카시인협회 차장)

 문학고을 경기지부의 디카시를 살펴보면, 일상과 예술의 경계에서 피어난 소중한 결실이다. 각각의 작품은 포착한 순간의 장면을 사진에 담고, 그 장면에 언어를 입혀 새로운 의미를 부여한다. 짧은 행과 압축된 시어 속에서 삶의 진실과 정서가 독자로 하여금 잊고 있던 감각을 되살리게 한다. 특히 '엘리트 문학의 산실'이라 불리는 문학고을의 전통 속에서 이번 동인 시집은 더욱 뜻깊다. 문학 고을이 지닌 문학적 토대와 창작의 열정이 경기지부 회원들의 시선과 만나, 새로운 빛을 발하게 된 것이다. 사진은 외부 세계의 현상을 기록하지만, 디카시는 그 기록을 넘어 인간의 내면과 정서를 비추는 매개체로 작동한다. 작품마다 드러나는 해학과 풍자, 애틋한 사랑과 연민, 자연과 계절의 변주는 디카시의 스펙트럼을 한층 풍부하게 보여준다. 또한 짧은 언어 속에서 철학적 사유와 시적 상상력이 교차하며, 일상의 순간들이 예술로 변모하는 과정을 확인하게 한다. 서정성과 미학, 유머와 성찰이 공존하는 이 시집은 디카시가 지닌 다양한 가능성을 잘 드러내고 있다. 경기지부 회원들이 함께 모여 빚어낸 이 작은 울림들은 결국 더 큰 공명으로 확장될 것이다. 그 공명이 독자들에게도 깊은 사색과 따뜻한 위로로 전해지기를 기대한다.

동행/김선순

오늘을 기억해 줘 눈빛
마주한 그 순간 온기가 되어
언제나
너의 눈 맞출게

두 개의 찻잔은 단순한 사물이 아니라 삶을 함께하는 짝을 상징한다. 짧은 시어 속에서 오늘의 기억과 눈빛의 교환은 온기가 되어 영원을 약속한다. 일상 속 물건을 통해 관계의 본질을 포착한 점이 돋보인다. 서로를 마주하며 나누는 따뜻한 시선이 시 전체를 감싸 안는다. 동행의 가치를 은유적으로 드러낸 서정이 잔잔한 울림을 남긴다.

백년해로/김은희

어젯밤 칼로 물 베기 했는디
오늘 밤은 한 이불 덮고 자야제
안 그런가 임자?

무심히 놓인 무당벌레 조형물은 오래된 부부의 상징처럼 다가온다. 칼로 물 베듯 다툼도 있지만, 결국 다시 함께 자리를 지키는 삶을 비춘다. 해학적이면서도 애틋한 언술이 노년의 부부애를 포근하게 담아낸다. "안 그런가 임자?"라는 직설적 물음 속에서 정겨운 삶의 체취가 묻어난다. 평범한 생활 속에 숨은 사랑의 지속성을 유머러스하게 표현했다.

장보기/김현경

된장찌개 끓이려
감자 사러 나왔다가
유리문에 담긴 검버섯 사고
허망한 세월 위에
엉덩이 포갰다

일상의 장보기 풍경이 곧 삶의 무게로 변주된다. 된장찌개와 감자, 검버섯이라는 구체적 사물이 시의 진실성을 높인다. 허망한 세월 위에 포개진 삶의 흔적이 잔잔한 여운을 남긴다. 짧은 언어가 오히려 세월의 허무를 압축적으로 드러낸다. 생활과 존재의 덧없음을 일상의 언어로 절묘하게 포착한 작품이다.

토사구팽/김희숙

애지중지할 땐 언제고
왜 그러는 겨

뒤집힌 자전거는 곧 삶의 불합리와 배신의 은유로 읽힌다. "애지중지할 땐 언제고"라는 시어는 인간관계의 냉혹함을 직설적으로 드러낸다. 짧지만 강렬한 언어가 주제 의식을 직격 한다. 사진과 언술이 완벽히 맞물려 삶의 부조리를 압축했다. 토사구팽이라는 제목이 일상의 장면에 새로운 해석을 부여한다.

보물찾기/남상열

그대를 향한
내 속마음
부끄러워 잠시
묻어 놓았는데
어디로 갔을까

갯벌에서 무언가를 찾는 장면은 곧 삶의 내밀한 탐색을 상징한다. '속마음'을 물건처럼 묘사하며 부끄러움과 그리움이 교차한다. 잠시 놓친 보물이 어디로 갔는지 묻는 언어는 상실과 회한을 담고 있다. 사진과 시적 언술이 삶의 깊은 내면 풍경을 은유적으로 그려낸다. 보물이란 결국 사라진 것이 아니라 마음속에서 되살아나는 존재임을 말해준다.

모성/남항우

무던히 속을 썩인 자식도 미쁘다며
검게 탄 자기 속을 돌보지 아니하고
망나니 거듭나기만 기다리던 어머니

검은 속살은 자식의 상처와 허물을 비유하기도 하며, 그 너머로 빛나는 자식의 모습을 상상하고 기다리는 마음 곧 모성의 상징이다. "속을 썩인 자식도 미쁘다"는 언술은 모정의 본질을 집약한다. 짧은 구절마다 상처마저 품어내는 기다림과 사랑이 스며 있다. 사진과 언어가 만나 삶의 근원적 힘인 모성을 울림 있게 드러낸다.

연민/신경희

어르신
집에 가실 시간이에요

새 한 마리와 어르신의 모습이 겹쳐지며 연민의 정조를 자아낸다. "집에 가실 시간이에요"라는 간결한 문장이 따뜻한 울림을 만든다. 사진의 장면과 언어가 절묘하게 포개져 노년의 고단함을 표현한다. 짧은 한 줄이지만, 그 속에는 삶과 죽음을 품은 애틋함이 담겨 있다. 디카시의 압축미가 돋보이는 작품이다.

잡을 수 없는 그리움/오병실

가늘게 일렁이던 숨소리는
어느새 심연 속으로 사라지고
너의 기억 흐려질수록
반짝이는 그리움
달빛 아래 윤슬이 되어 나를 깨운다

바다 위 솟은 손은 잡히지 않는 그리움의 형상으로 선다. 햇빛 아래 번쩍이는 물결은 기억의 파편처럼 아련하다. 사라지는 숨소리와 흐려지는 기억은 상실의 아픔을 전한다. 그러나 달빛 아래 윤슬은 여전히 존재를 깨우는 힘이 된다. 그리움이 삶의 또 다른 빛으로 남는다는 사실을 상징적으로 보여준다.

시인의 꿈/이선영

소나기 그친 후
더 선명해진 너
내 마음속에도
시 한 송이 피었다

꽃 한 송이는 시인의 마음속에서 피어난 언어의 은유다. 소나기 뒤 더 선명해진 꽃빛은 시적 영감을 드러낸다. 짧은 구절 속에 시가 움트는 순간의 떨림이 담겨 있다. 사진과 시어가 어우러져 탄생의 기쁨을 전한다. 시인의 꿈은 결국 현실 속에서도 꽃처럼 살아 있음을 일깨운다.

날씨 요정/이운수

햇살 안테나를 펼치면
구름은 잠시 멈추고
주머니 속
맑음 한조각 살포시 꺼내어
세상에 송출 중

해맑은 아이의 웃음은 곧 날씨 요정의 얼굴이다. 햇살 안테나, 주머니 속 맑음이라는 표현이 발랄하다. 일상의 장면이 환상적 상상력으로 변주된다. 사진과 언어가 만나 현실을 동화처럼 바꿔내는 힘을 보여준다. 순수한 시선이 곧 시가 된다는 사실을 잘 보여주는 작품이다.

빛의 마술/임혜경

초록 들판에
빨간 화살 쏘면
노란 가을 온대요

푸른 들판을 조준한 화살은 계절의 전환을 상징한다. 초록에서 노랑으로 이어지는 색채의 변화를 상상하게 한다. 짧은 언어 속에서 빛과 계절의 마술이 완성된다. 자연의 흐름을 간명하게 포착한 시적 감각이 돋보인다. 사진과 문자가 함께 계절의 변화를 생생히 드러낸다.

일정/최근용

내가 너의 주인인가
네가 나의 주인인가

시계는 시간을 지배하는 존재이면서 동시에 지배받는 대상이다. "내가 너의 주인인가"라는 물음은 삶의 주체성과 피동성을 동시에 드러낸다. 짧은 언술이 철학적 사유를 함축한다. 사진과 문자가 어우러져 시간의 본질을 묻는다. 간결하지만 묵직한 울림이 남는 작품이다.

시인의 입술/최병준

입을 꾹 다물고 있다가
한마디 하시면
진한 크림치즈 같은
멋진 말이 흘러나오는
당신은 시인

빵의 이미지를 시인의 입술로 치환한 발상이 독창적이다. 입술을 다물다 열며 쏟아내는 언어는 크림치즈처럼 진하다. 일상의 음식 이미지와 시인의 존재가 교차한다. 재치와 상상력이 돋보이는 작품이다. 짧은 순간, 언어가 예술로 변하는 과정을 흥미롭게 담았다.

빵점/홍성길

아직까지
먹고사는 문제 해결 못한
내 인생에 매기는 점수

빵 조형물은 인생의 무게와 결핍을 상징한다. 먹고사는 문제라는 현실이 유머러스하게 드러난다. "빵점"이라는 언어유희가 작품 전체를 관통한다. 사진과 시가 만나 현실 풍자를 예술로 승화했다. 웃음 속에 씁쓸한 자기 성찰이 묻어난다.

이번 동인 시집에 수록된 디카시는 사진과 언어가 어떻게 서로를 비추고 확장하는지를 잘 보여준다. 각각의 작품은 작가 개인의 시선에서 출발했지만, 그 울림은 공동체의 삶과 보편적 정서로 이어진다. 일상의 한 장면, 스쳐 지나가는 사물, 자연의 흐름, 혹은 해학적인 순간들이 짧은 시어 속에서 다시 태어나 독자와 만난다. 그 만남은 때로 웃음을 자아내고, 때로 아련한 그리움을 불러일으키며, 때로는 삶의 본질을 되묻게 한다. 디카시가 가진 압축미와 여백의 미학은 이 시집 속에서 더욱 선명히 드러난다. 사진은 기록이지만, 언어와 결합하는 순간 그것은 해석이 되고, 새로운 의미가 된다. 그 의미의 결은 각 작가의 개성에 따라 다르게 빛나지만, 함께 묶여 있을 때 더 큰 하모니를 만들어낸다. 경기지부 동인들의 발자취가 쌓여 이 시집이 탄생했듯, 앞으로도 이들의 행보는 디카시의 외연을 넓히는 길로 이어질 것이다. 이 책이 독자들에게 삶을 새롭게 바라보는 창이 되고, 언어와 예술의 만남이 지닌 깊이를 체감하게 하는 계기가 되기를 바란다. 작은 울림이 모여 큰 공명이 되는 순간, 디카시는 우리 모두의 이야기로 남아 빛을 발할 것이다.

부모님 전언

홍성길

너 같은 아이 낳으면
절대 안 되느니라
맹~~꽁!!

프로포즈

최근용

둘 다 얼굴
빨개지는 날

| 작가 소개 |

김선순
시 치료 전문가 · 독서치료사
문학고을 시 부문 등단
문학고을 최우수작가상, 청목문학대상
당진문화재단 올해의 문학인상
충남문화관광재단 충남 문학인 수상
저서 『오직 엄마』 『안부』 『선물』
공저 『한국추보시 시화집』
『삼행시 꽃 피었습니다』 외 다수

김은희
국제대학교 아동학과 졸업
문학고을 시 부문 등단
문학고을 시 부문 신인문학상
문학고을 제10선집 공저
시집 『오월에 피는 꽃』 공저
시집 『삼행시 꽃 피었습니다』 공저

김현경
전자계산학과 졸
현)경기안양재가복지센터대표
안양 백일장 입상
새고창 웰다잉 공모전 대상
문학고을 신인문학상 수상
문학고을 등단 시 부문
종합문예지 청목 18호 공저

김희숙

요식업 대표
문학고을 시 부문 등단
문학고을 시 부문 신인문학상
문학고을 기성작가 우수상
문학고을 경기지부 글벗지기
문학고을 경기지부장
문학고을 제10~14선집 공저
시집 『오월에 피는 꽃』 공저

남상열

문학고을 시 등단, 신인문학상
문학고을 디카시 등단, 신인문학상
문학고을 선집 다수 공저
시집 『오월에 피는 꽃』 공저
시집 『삼행시 꽃 피었습니다』 공저
문학고을 기성작가 최우수상
서천갯벌 디카시 공모전 입상

남항우

1961년 충북 청원 출생
월간 『문학세계』 시 부문 신인문학상(2018)
시집 『오월에 피는 꽃』 공저
시집 『삼행시 꽃 피었습니다』 공저

신경희
시, 수필, 시조, 디카시조, 브런치 작가
수상: 문학고을 청목문학상
　　　강원 디카시조 연장원 외
저서: 『오메 어쩔까』, 『삶의 언저리에서』
동인지: 오월에 피는 꽃 외
활동: 문학고을, 강원 문협

오병실
수필작가, 디카시인
2016 하남시 시 공모전 대상
2022 하남여성자기개발대회 시부문장려상
2023 문학고을 수필부문 신인문학상수상
2024 하남시민 핸드폰사진 공모전 입상
2025 희망봉광장 디카시 신인문학상 수상
2025 한국사진문학상, 장려상 수상
2025년 경북연가 디카시 경북문경연가상

이선영
문학고을 시부문 신인문학상
문학고을 제12,14 시선집 공저
시집 『삼행시 꽃 피었습니다』 공저
시집 『잃어버린 마음을 찾아서』

이운수

문학고을 디카시 부문 신인문학상
제1회 경북연가 디카시 공모전 가작
제6회 계간 우리글 짧은 시 문학상 우수상
제1회 평택 디카시 공모전 우수상
제2회 영등포 디카시 공모전 입선
제7회 전국 글쓰기대회 달성 디카시 공모전 대상

임혜경

디카시인, 시인, 사진작가, 간호사
제1회 평택 디카시 공모전 대상(2025년)
문학고을 등단 신인 디카시상(2025년)
문학고을 등단 신인 문학상(2022년)
경기노동문화예술제사진 금상(2003년)
제 33회 경기 사진대전 금상(1997년)

최근용

문학고을 시부문 신인문학상
문학고을 제13~19시선집 공저
시집 『삼행시 꽃 피었습니다』 공저
문학고을 감사
문학고을 경기지부 부지부장

최병준

문학고을 동시부문 신인문학상
계간 서시 윤동주연구소 편집부장
화백문학 시부문 신인문학상
저서 『생활문화 디카시 쓰기 꿀팁 50』
　　『재미있는 세상 디카시집』
　　『브랜드가 되는 책 초고 작성법』 외 다수
서천갯벌 디카시/오륙도신문 디카시 신춘문예 입상,
박덕은미술관 디카시 작품상 등

홍성길

문학고을 정회원
문학고을 수석고문
문학고을 시부문 신인문학상(2022)
문학고을 제7~11시선집 공저
시집 『오월에 피는 꽃』 공저
시집 『삼행시 꽃 피었습니다』 공저